Elizabeth M. Potter

Mother of dragons

Notizbuch

Mother of
dragons

Bibliografische Information der Deutschen Nationalbibliothek:
Die Deutsche Nationalbibliothek verzeichnet diese Publikation in der Deutschen
Nationalbibliografie; detaillierte bibliografische Daten sind im Internet über
http://dnb.dnb.de abrufbar.

© 2018 Elizabeth M. Potter; 1. Auflage

Covergrafik, Texte und Illustrationen: © Elizabeth M. Potter

Herstellung und Verlag: BoD – Books on Demand, Norderstedt

ISBN: 9783752832341

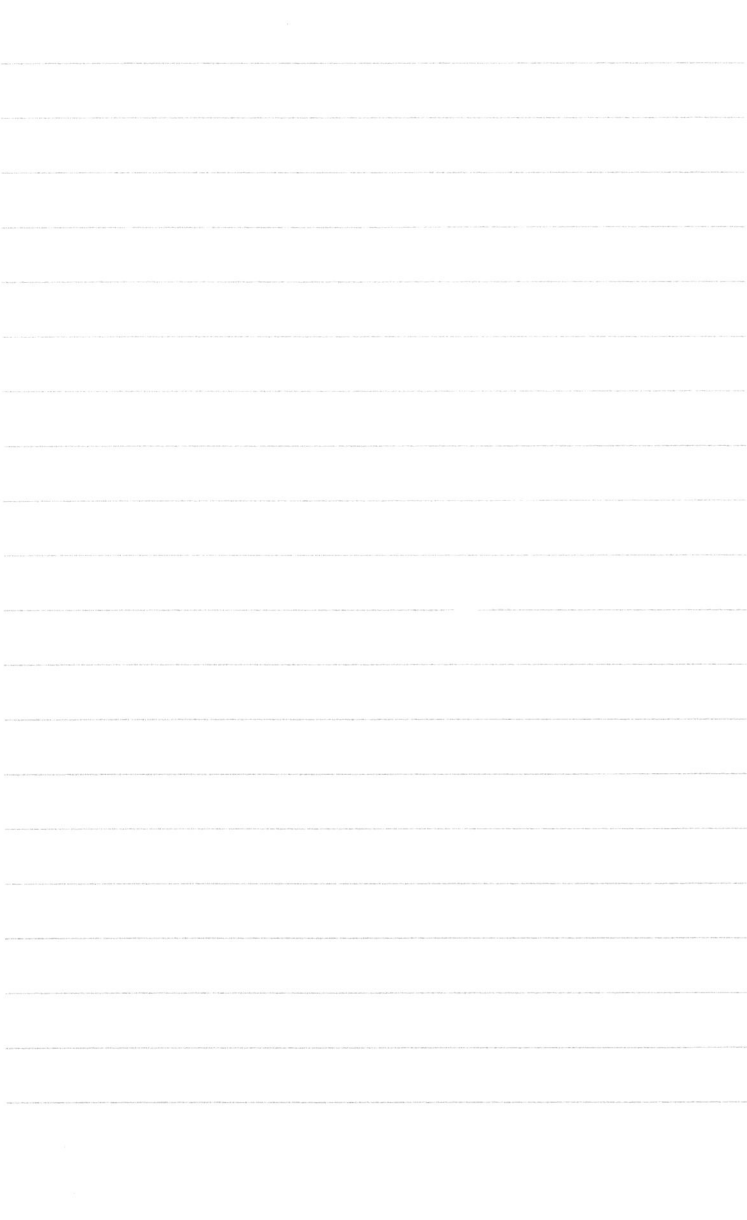